Moja dvojezična slikovnica

Mein zweisprachiges Bilderbuch

Sefine najljepše dječje priče u jednom tomu

Ulrich Renz • Barbara Brinkmann:

Lijepo spavaj, mali vuče · Schlaf gut, kleiner Wolf

Dob čitanja: od 2 godine

Cornelia Haas • Ulrich Renz:

Moj najljepši san · Mein allerschönster Traum

Dob čitanja: od 2 godine

Ulrich Renz • Marc Robitzky:

Divlji Labudovi · Die wilden Schwäne

Bajka prema Hansa Christiana Andersena

Dob čitanja: od 5 godine

© 2024 by Sefa Verlag Kirsten Bödeker, Lübeck, Germany. www.sefa-verlag.de

Special thanks to Paul Bödeker, Freiburg, Germany

All rights reserved.

ISBN: 9783756304004

Čitati · Slušati · Razumjeti

Prijevod:

Karmen Fedeli (hrvatski)

Audioknjiga i video:

www.sefa-bilingual.com/bonus

Lozinka za besplatan pristup:

```
hrvatski: LWHR1727

njemački: LWDE1314
```

Laku noć, Tim! Sutra ćemo tražiti dalje.
A sada lijepo spavaj!

Gute Nacht, Tim! Wir suchen morgen weiter.
Jetzt schlaf schön!

Vani je već mrak.

Draußen ist es schon dunkel.

Što to Tim tamo radi?

Was macht Tim denn da?

Ide van, prema igralištu.
Što li tamo traži?

Er geht raus, zum Spielplatz.
Was sucht er da?

Malog vuka!

Bez njega ne može spavati.

Den kleinen Wolf!

Ohne den kann er nicht schlafen.

Tko li to sad dolazi?

Wer kommt denn da?

Marija! Ona traži svoju loptu.

Marie! Die sucht ihren Ball.

A što Tobi traži?

Und was sucht Tobi?

Svog bagera.

Seinen Bagger.

A što Nala traži?

Und was sucht Nala?

Svoju lutku.

Ihre Puppe.

Zar ne moraju djeca ići u krevet?
Čudi se jako mačka.

Müssen die Kinder nicht ins Bett?
Die Katze wundert sich sehr.

Tko to sad dolazi?

Wer kommt denn jetzt?

Mama i tata od Tima!

Bez svog Tima ne mogu spavati.

Die Mama und der Papa von Tim!

Ohne ihren Tim können sie nicht schlafen.

I dolaze još više ljudi! Tata od Marije.
Tobijev djed. I Nalina mama.

Und da kommen noch mehr! Der Papa von Marie.
Der Opa von Tobi. Und die Mama von Nala.

A sad brzo u krevet!

Jetzt aber schnell ins Bett!

Laku noć, Tim!

Sutra više ne moramo tražiti.

Gute Nacht, Tim!

Morgen müssen wir nicht mehr suchen.

Lijepo spavaj, mali vuče!

Schlaf gut, kleiner Wolf!

Cornelia Haas • Ulrich Renz

Moj najljepši san

Mein allerschönster Traum

Prijevod:

Karmen Fedeli (hrvatski)

Audioknjiga i video:

www.sefa-bilingual.com/bonus

Lozinka za besplatan pristup:

hrvatski: **BDHR1727**

njemački: **BDDE1314**

Moj najljepši san
Mein allerschönster Traum

Cornelia Haas · Ulrich Renz

hrvatski — dvojezično — njemački

Lulu ne može da zaspi. Svi ostali već sanjaju—morski pas, slon, mali miš, zmaj, klokan, vitez, majmun, pilot. I lavić. Čak i medvjedu se gotovo zatvaraju oči...

Čuj Medo, jel me uzmeš sa sobom u tvoj san?

Lulu kann nicht einschlafen. Alle anderen träumen schon – der Haifisch, der Elefant, die kleine Maus, der Drache, das Känguru, der Ritter, der Affe, der Pilot. Und der Babylöwe. Auch dem Bären fallen schon fast die Augen zu ...

Du Bär, nimmst du mich mit in deinen Traum?

I već se Lulu nađe u medvjeđoj zemlji snova. Medvjed hvata ribe u Tagayumi jezeru. A Lulu se pita, tko li to tamo gore u stablu stanuje? Kada je san završen, Lulu želi doživjeti još više. Dođi, posjetimo morskog psa! O čemu li on sanja?

Und schon ist Lulu im Bären-Traumland. Der Bär fängt Fische im Tagayumi See. Und Lulu wundert sich, wer wohl da oben in den Bäumen wohnt?
Als der Traum zu Ende ist, will Lulu noch mehr erleben. Komm mit, wir besuchen den Haifisch! Was der wohl träumt?

Morski pas se igra lovice sa ribama. Konačno ima prijatelje! Nitko se ne boji njegovih oštrih zuba.

Kada je san završen, Lulu želi doživjeti još više. Dođite, posjetimo slona! O čemu li on sanja?

Der Haifisch spielt Fangen mit den Fischen. Endlich hat er Freunde! Keiner hat Angst vor seinen spitzen Zähnen.
Als der Traum zu Ende ist, will Lulu noch mehr erleben. Kommt mit, wir besuchen den Elefanten! Was der wohl träumt?

Slon je lak kao jedno pero i može da leti! Uskoro će sletjeti na nebesku livadu.

Kada je san završen, Lulu želi doživjeti još više. Dođite, posjetimo malog miša! O čemu li on sanja?

Der Elefant ist so leicht wie eine Feder und kann fliegen! Gleich landet er auf der Himmelswiese.
Als der Traum zu Ende ist, will Lulu noch mehr erleben. Kommt mit, wir besuchen die kleine Maus! Was die wohl träumt?

Mali miš gleda zabavni park. Najviše mu se sviđa vijugava željeznica. Kada je san završen, Lulu želi doživjeti još više. Dođite, posjetimo zmaja! O čemu li on sanja?

Die kleine Maus schaut sich den Rummel an. Am besten gefällt ihr die Achterbahn.
Als der Traum zu Ende ist, will Lulu noch mehr erleben. Kommt mit, wir besuchen den Drachen! Was der wohl träumt?

Zmaj je žedan od pljuvanja vatre. Najradije bi popio cijelo jezero limunade. Kada je san završen, Lulu želi doživjeti još više. Dođite, posjetimo klokana. O čemu li on sanja?

Der Drache hat Durst vom Feuerspucken. Am liebsten will er den ganzen Limonadensee austrinken.
Als der Traum zu Ende ist, will Lulu noch mehr erleben. Kommt mit, wir besuchen das Känguru! Was das wohl träumt?

Klokan skače kroz tvornicu slatkiša i puni si tobolac. Još više plavih bombona! I više lizalica! I čokolade!

Kada je san završen, Lulu želi doživjeti još više. Dođite, posjetimo viteza. O čemu li on sanja?

Das Känguru hüpft durch die Süßigkeitenfabrik und stopft sich den Beutel voll. Noch mehr von den blauen Bonbons! Und mehr Lollis! Und Schokolade!
Als der Traum zu Ende ist, will Lulu noch mehr erleben. Kommt mit, wir besuchen den Ritter! Was der wohl träumt?

Vitez vodi bitku tortama sa svojom princezom iz snova. Oh! Krem torta je promašila metu!

Kada je san završen, Lulu želi doživjeti još više. Dođite, posjetimo majmuna. O čemu li on sanja?

Der Ritter macht eine Tortenschlacht mit seiner Traumprinzessin. Oh! Die Sahnetorte geht daneben!

Als der Traum zu Ende ist, will Lulu noch mehr erleben. Kommt mit, wir besuchen den Affen! Was der wohl träumt?

Konačno da i jednom padne snijeg u zemlji majmuna! Cijelo majmunsko društvo se raduje i majmuniše naokolo.

Kada je san završen, Lulu želi doživjeti još više. Dođite, posjetimo pilota, u čijem li snu je on sletio?

Endlich hat es einmal geschneit im Affenland! Die ganze Affenbande ist aus dem Häuschen und macht Affentheater.

Als der Traum zu Ende ist, will Lulu noch mehr erleben. Kommt mit, wir besuchen den Piloten! In welchem Traum der wohl gelandet ist?

Pilot leti i leti. Do kraja svijeta, pa čak i dalje do zvijezda. Niti jedan drugi pilot nije to uspio.

Kada je san završen, svi su već jako umorni i ne žele više tako puno doživjeti. Ali lavića žele još posjetiti. O čemu li on sanja?

Der Pilot fliegt und fliegt. Bis ans Ende der Welt und noch weiter bis zu den Sternen. Das hat noch kein anderer Pilot geschafft.
Als der Traum zu Ende ist, sind alle schon sehr müde und wollen nicht mehr so viel erleben. Aber den Babylöwen wollen sie noch besuchen. Was der wohl träumt?

Lavić ima čežnju za domom i želi se vratiti u topli i udoban krevet.
I ostali isto tako.

I tamo počinje ...

Der Babylöwe hat Heimweh und will zurück ins warme, kuschelige Bett.
Und die anderen auch.

Und da beginnt …

... Lulin
najljepši san.

... Lulus
allerschönster Traum.

Ulrich Renz • Marc Robitzky

Divlji Labudovi
Die wilden Schwäne

Prijevod:

Karmen Fedeli (hrvatski)

Audioknjiga i video:

www.sefa-bilingual.com/bonus

Lozinka za besplatan pristup:

hrvatski: **WSHR1727**

njemački: **WSDE1314**

Ulrich Renz · Marc Robitzky

Divlji Labudovi

Die wilden Schwäne

Bajka prema

Hansa Christiana Andersena

hrvatski — dvojezično — njemački

Jednom davno, živjelo je dvanaest kraljevske djece—
jedanaest braće i jedna starija sestra, Elisa. Živjeli su
sretno u prekrasnom dvorcu.

Es waren einmal zwölf Königskinder – elf Brüder und
eine große Schwester, Elisa. Sie lebten glücklich in
einem wunderschönen Schloss.

Jednog dana umrla je majka, a nešto kasnije se ponovno oženio. Međutim, nova žena bila je zla vještica. Sa čarolijom pretvorila je tih jedanaestero prinčeva u labudove i poslala ih je u jednu daleku zemlju izvan velike šume.

Eines Tages starb die Mutter, und einige Zeit später heiratete der König erneut. Die neue Frau aber war eine böse Hexe. Sie verzauberte die elf Prinzen in Schwäne und schickte sie weit weg in ein fernes Land jenseits des großen Waldes.

Djevojku je oblačila u krpe i mazala joj lice sa ružnom masti, tako da ju čak i njezin otac nije više prepoznao i otjerao je iz dvorca. Elisa je pobjegla u mračnu šumu.

Dem Mädchen zog sie Lumpen an und schmierte ihm eine hässliche Salbe ins Gesicht, so dass selbst der eigene Vater es nicht mehr erkannte und aus dem Schloss jagte. Elisa rannte in den dunklen Wald hinein.

Sada je bila sasvim sama i čeznula je za svojom nestalom braćom iz dubine svoje duše. Uvečer napravila si je krevet od mahovine ispod drveća.

Jetzt war sie ganz allein und sehnte sich aus tiefster Seele nach ihren verschwundenen Brüdern. Als es Abend wurde, machte sie sich unter den Bäumen ein Bett aus Moos.

Sljedećeg jutra stigla je na jedno mirno jezero i uplašila se kad je vidjela svoj odraz u vodi. No, nakon što se oprala, bila je najljepše kraljevsko dijete pod suncem.

Am nächsten Morgen kam sie zu einem stillen See und erschrak, als sie darin ihr Spiegelbild sah. Nachdem sie sich aber gewaschen hatte, war sie das schönste Königskind unter der Sonne.

Nakon mnogo dana, Elisa je stigla do velikog mora. Na valovima ljuljalo se jedanaest labudovih pera.

Nach vielen Tagen erreichte Elisa das große Meer. Auf den Wellen schaukelten elf Schwanenfedern.

Dok je sunce zalazilo, šum je bio u zraku i jedanaest divljih labudova sletjelo je na vodu. Elisa je odmah prepoznala svoju začaranu braću. Ali pošto su govorili labuđi jezik, nije ih mogla razumjeti.

Als die Sonne unterging, war ein Rauschen in der Luft, und elf wilde Schwäne landeten auf dem Wasser. Elisa erkannte ihre verzauberten Brüder sofort. Weil sie aber die Schwanensprache sprachen, konnte sie sie nicht verstehen.

Danju labudovi su odlijetali, a noću sestra i braća su spavali priljubljeni jedan uz drugog u jednoj špilji.

Jedne noći, Elisa je sanjala čudan san: Majka joj je rekla kako bi mogla osloboditi svoju braću. Od koprive neka isplete za svakog labuda jednu košuljicu koju će im nabaciti. Ali do tada nije smjela govoriti niti riječ jer bi inače njena braća morala umrijeti.
Elisa je odmah počela raditi. Iako su joj ruke gorile poput vatre, neumorno je plela dalje.

Tagsüber flogen die Schwäne fort, nachts kuschelten sich die Geschwister in einer Höhle aneinander.

Eines Nachts hatte Elisa einen sonderbaren Traum: Ihre Mutter sagte ihr, wie sie die Brüder erlösen könne. Aus Brennnesseln solle sie für jeden Schwan ein Hemdchen stricken und es ihm überwerfen. Bis dahin aber dürfe sie kein einziges Wort reden, sonst müssten ihre Brüder sterben.
Elisa machte sich sofort an die Arbeit. Obwohl ihre Hände wie Feuer brannten, strickte sie unermüdlich.

Jednog dana oglasili su se lovački rogovi u daljini. Jedan princ je dojahao na konju sa svojom pratnjom i već uskoro je stao pred njom. Kad su jedno drugome pogledali u oči, zaljubili su se.

Eines Tages ertönten in der Ferne Jagdhörner. Ein Prinz kam mit seinem Gefolge angeritten und stand schon bald vor ihr. Als die beiden sich in die Augen schauten, verliebten sie sich ineinander.

Princ je podignuo Elisu na svog konja i odveo je u svoj dvorac.

Der Prinz hob Elisa auf sein Pferd und nahm sie mit auf sein Schloss.

Moćni čuvar kraljevskog blaga bio je sve samo ne zadovoljan sa dolaskom nijeme ljepotice. Njegova vlastita kći trebala je biti prinčeva nevjesta.

Der mächtige Schatzmeister war über die Ankunft der stummen Schönen alles andere als erfreut. Seine eigene Tochter sollte die Braut des Prinzen werden.

Elisa nije zaboravila svoju braću. Svake večeri nastavila je plesti košulje. Jedne noći otišla je na groblje da ubere svježe koprive. Čuvar blaga ju je tajno promatrao.

Elisa hatte ihre Brüder nicht vergessen. Jeden Abend arbeitete sie weiter an den Hemdchen. Eines Nachts ging sie hinaus auf den Friedhof, um frische Brennnesseln zu holen. Dabei beobachtete der Schatzmeister sie heimlich.

Čim je princ otišao u lov, čuvar blaga je dao baciti Elisu u tamnicu. Tvrdio je da je ona vještica koja se noću sastaje s drugim vješticama.

Sobald der Prinz auf einem Jagdausflug war, ließ der Schatzmeister Elisa in den Kerker werfen. Er behauptete, dass sie eine Hexe sei, die sich nachts mit anderen Hexen treffe.

U zoru, stražari su odveli Elisu. Trebala je biti spaljena na trgu.

Im Morgengrauen wurde Elisa von den Wachen abgeholt. Sie sollte auf dem Marktplatz verbrannt werden.

Čim je stigla tamo, iznenada doletjelo je jedanaest labudova. Elisa je brzo nabacila svakom labudu košuljicu od koprive. Ubrzo nakon toga, sva njena braća stajala su pred njom u ljudskom obliku. Samo najmanji, čija košulja nije sasvim bila završena, zadržao je jedno krilo umjesto ruke.

Kaum war sie dort angekommen, als plötzlich elf weiße Schwäne geflogen kamen. Schnell warf Elisa jedem ein Nesselhemdchen über. Bald standen alle ihre Brüder in Menschengestalt vor ihr. Nur der Kleinste, dessen Hemd nicht ganz fertig geworden war, behielt anstelle eines Armes einen Flügel.

Grljenje i ljubljenje braće i sestre nije imalo kraja kada se princ vratio. Napokon mu je Elisa mogla sve objasniti. Princ je zlog čuvara blaga dao baciti u tamnicu. A nakon toga, svadba se je slavila sedam dana.

I svi su živjeli sretno do kraja života.

Das Herzen und Küssen der Geschwister hatte noch kein Ende genommen, als der Prinz zurückkam. Endlich konnte Elisa ihm alles erklären. Der Prinz ließ den bösen Schatzmeister in den Kerker werfen. Und dann wurde sieben Tage lang Hochzeit gefeiert.

Und wenn sie nicht gestorben sind, dann leben sie noch heute.

Hans Christian Andersen

Hans Christian Andersen rođen je 1805. u danskom gradu Odenseu, a umro je 1875. u Kopenhagenu. Svojim umjetničkim bajkama poput „Mala sirena", „Carevo novo ruho" ili „Ružno pače" postigao je svjetsku slavu. Današnja bajka „Divlji labudovi" prvi put je objavljena 1838. godine. Od tada je prevedena na više od stotinu jezika i prepričavana u mnogim verzijama, kao na primjer za kazalište, film i mjuzikl.

Barbara Brinkmann rođena je 1969. u Münchenu i odrasla u bavarskim podnožjima Alpa. Studirala je arhitekturu u Münchenu i trenutno je znanstvena suradnica na Arhitektonskom fakultetu Tehničkog sveučilišta u Münchenu. Osim toga, radi kao samostalna grafičarka, ilustrator i autor.

Cornelia Haas rođena je 1972. u Ichenhausenu kod Augsburga (Njemačka). Nakon što je učila zanat firmopisca, studirala je dizajn na Sveučilištu primijenjenih znanosti Münster, gdje je diplomirala kao diplomski dizajner. Od 2001. ilustrira knjige za djecu i mlade, od 2013. predaje kao docentica akrilno i digitalno slikarstvo na Sveučilištu primijenjenih znanosti Münster.

Marc Robitzky, rođen 1973. godine, studirao je na Tehničkoj umjetničkoj školi u Hamburgu i na Akademiji likovnih umjetnosti u Frankfurtu. Radi kao slobodni ilustrator i komunikacijski dizajner u Aschaffenburgu (Njemačka).

Ulrich Renz rođen je 1960. godine u Stuttgartu (Njemačka). Studirao je francusku književnost u Parizu i medicinu u Lübecku, nakon čega je radio kao direktor znanstvene izdavačke kuće. Danas je Renz slobodni pisac, a osim knjiga koje nisu fikcije piše i knjige za djecu i mlade.

Voliš li bojati?

Ovdje možeš pronaći sve slike iz priče za bojanje:

www.sefa-bilingual.com/coloring

www.ingramcontent.com/pod-product-compliance
Lightning Source LLC
LaVergne TN
LVHW070445080526
838202LV00035B/2744